L'homme aux poupées

par Jean-Louis Renaud

Dessins de Jean Veber.

H. Floury, éditeur, Paris. 1, Boulevard des Capucines.

L'homme aux poupées

JEAN-LOUIS RENAUD

L'homme aux poupées

Dessins de JEAN VEBER

H. FLOURY, ÉDITEUR

1, Boulevard des Capucines

PARIS

JUSTIFICATION DU TIRAGE

25 exemplaires sur papier des manufactures impériales du Japon.

200 exemplaires sur vélin de Rives.

N° 2

I

C'est une haute pièce bien close, pavée de mosaïques qui apparaissent aux angles des moquettes épaisses, plafonnée et lambrissée de velours, avec une large baie à croisillons que voile un store rouge brodé de chimères — et d'ameublement sé-

vère en style ancien. Tout cela de nuance brune,
adornant le jour jusqu'à une pénombre de ver-
rière, une demi-ténèbre impressionnante de mystère qui s'accorde à l'ornementation étrange des
murs. Le long des tentures pendent à mi-hauteur
comme pour un jeu de massacre des files de poupées diverses; et sur les tables, des légions de sta-
tuettes exotiques ou indigènes, rares ou com-
munes, depuis la figurine de Saxe jusqu'au soldat
de plomb, se bousculent et se mêlent. A travers
les sièges et les tapis, des poupées encore, quel-
ques-unes incomplètes, fragments de masques,
tronçons de corps, bribes de chevelures, étoffes
multicolores fanées ou ardentes s'éparpillent dans
un pêle-mêle de boutique à l'encan où le pantin
de camelote coudoie le bibelot de luxe; — et sur
un sofa sans bras ni dossier, sorte de lit bas et
spacieux, fouillis de coussins riches, règne le même
désordre discordant. Cela ne ressemble à rien et
ressemble à tout, débarras d'antiquaire, chambre
d'artiste ou antre de fou; mais cela est triste plutôt, sans la vie du bazar, sans le soleil de l'atelier,

triste comme un abandon, comme une déroute... Ou mieux, l'on dirait un monde de fantasmagorie tombé subitement sous un charme, immobilisé là dans sa grimace d'un moment et qui attend après une résurrection. Sans doute quelque Mage va surgir. A son geste tous ces petits corps s'agiteront, feront des pas, sans bruit, sans un frôlement de robe ni d'haleine, avec des mouvements rythmiques d'automates, se mettront à vaquer à leurs occupations mesquines de fantoches dans le mystère de la haute pièce close, tendue et muette...

... Deux heures sonnent. Menzel rentre. C'est l'heure de sa manie. Comme certains ont l'heure de leur whist, d'autres ont celle quotidienne et immuable de leur rêve.

C'est un grand homme pâle, émacié, fiévreux ; — corps d'ascète taillé à coups de hache, aux angles saillants ; figure de Christ belle et douloureuse avec de l'anxiété au fond des yeux, comme une perpétuelle interrogation muette à quelque chose de lointain et de confus ; plus blanche encore dans l'encadrement sombre des cheveux bouclés, de la barbe drue et des moustaches rétombantes sur des lèvres bleuies d'octogénaire où rôde un marmottement d'inintelligibles prières. Point vieux cependant, car de son masque d'immobilité sénile transparaît l'homme jeune, mais d'une jeunesse décolorée par les méditations atones de la folie ; sans rides mais torturé, cierge triste où brûle la flamme d'un regard d'obsession.

Il est bien l'homme étrange de cet étrange milieu, le roi de ce royaume de fantoches. A sa venue il semble qu'un tressaillement agite toutes ces poupées inertes, que s'animent leurs yeux d'émail, que prennent vie tous ces bonshommes de carton comme s'ils avaient soudainement des chairs et des fibres en eux.

Arrêté au seuil Menzel les caresse du regard, un à un, comme des êtres. Il jouit un instant de cette hallucination qu'ils le voient, l'attendent, l'aiment... puis il entre.

Sur un guéridon noir il y a une statuette de bois vermoulu dont les doigts s'émiettent, dont le nez se ronge, sans plus de lèvres ni de paupières, vêtue d'une robe ridicule de pourpre, le front ceint de lauriers, figurine séculaire qui n'a plus de nom mais porte quand même son numéro d'ordre, son étiquette avec la mention « Empereur Romain ». C'est tout ce qui lui reste de sens, d'idée, toute son âme, ce petit carton au bout d'un fil jaune.

Menzel s'est assis et l'a prise. Il la palpe, la retourne, la scrute longuement, mesurant la profondeur des mille trous minuscules qui vont à ses entrailles de poupée comme les corridors d'une fourmilière. Il la soulève au jour dans ses mains pâles. Ses doigts fuselés ont des inflexions caressantes en s'arrondissant presque sans contact autour de ce lambeau de bois habillé de chiffons, — doigts amoureux, mains bénignes qui semblent retenir une tête adorée.

Est-ce amour d'artiste pour une chose d'art, pour un bibelot rare et curieux? Non. Ou bien cette statuette primitive a-t-elle un passé, une légende, une valeur de souvenir — relique lointaine d'âges écoulés? Non plus. Menzel n'est pas archéologue. Il a acheté cette figurine au hasard d'un marché de vieilleries. C'est lui qui l'a vêtue de pourpre, et pour son front lauré il l'a sacrée « Empereur Romain ». Il n'est pas davantage artiste. D'ailleurs sur ce corps informe qui s'en va en poudre aucune trace d'art ne survit. Sa manie est autre, plus mystérieuse. Ce qu'il évoque en ces jouets de bois et d'étoffe, ce n'est pas le passé, ce n'est pas l'art, mais quelque chose de plus intime,

de plus chimérique aussi. Ce qu'il cherche, c'est une expression de vie derrière le mutisme de leurs faces peintes. Ce qu'il écoute, c'est un battement de cœur au fond de leur boîte creuse. Ce qui le torture, c'est de savoir si rien autre n'émane d'elles que leur odeur de moisi ou de colle, quelle est la pensée éternellement la même où s'ensevelit leur esprit...

Et au sortir de ses enquêtes il est convaincu avoir découvert un monde nouveau, une phase d'être extra-humaine en ce qui n'est que la fixation, comme la cristallisation de chaque phase de notre pantinade humaine dans une humanité de pantins... Toute apparence forcément ne trahit-elle pas une réalité? toute expression une sensibilité? Toute forme n'est-elle pas une forme de vie, une forme d'âme que la matière a but seulement de nous rendre sensible? Or, toutes ces poupées semblent quelque chose. Sembler c'est être. Toute apparence vit; toute expression sent; tout regard voit et le geste parle dans son immobilité même.

— Les gestes ne sont-ils pas la physionomie de la

pensée? — Une fois scindée, extériorisée de lui, cette parcelle de son moi que l'ouvrier met dans une œuvre subsiste et anime l'œuvre, prend de ce jour une vie spéciale qui la classe et lui donne un rôle dans le monde nouveau dont elle fait partie. En un mot chaque pantin est un être, un être toujours pareil, imperfectible autant qu'indéfectible, incapable de mieux ou de pire, pétrifié dans sa passion actuelle, sans passé, sans avenir, tout en présent, mais un être !

Par cette logique de raisonnement Menzel est arrivé à la conviction de sa découverte et c'est d'un orgueil et d'un égoïsme de créateur qu'il aime son royaume de fantoches. Avec sa fine psychologie de cérébral il a déchiffré en eux toute la gamme de la grimace humaine. De chaque grimace il a fait un être ; et détraqué, il s'est proclamé roi de sa Création.

Après avoir déposé la statuette d'empereur Menzel alla ouvrir un placard bas masqué par la tenture. C'était le pêle-mêle des poupées cassées,

démembrées, crevées, têtes, troncs, bras, jambes,
ventres béants dégorgeant le son, l'ossuaire de ce
monde de pantins où gisaient les morts et les
blessés comme après un carnage de grande bataille.
Il remua la fosse à pleines mains. On eût dit d'a-
bord de vieux ossements; mais des membres roses
avaient couleur de vie, et des morceaux de figure
grimaçaient. Des yeux décollés apparaissaient avec
un regard entier qui voyait tout, et des chevelures de filasse blonde ou de crin brun s'enrou-
laient à des ressorts d'acier, comme de têtes éche-
velées dans des supplices. Des loques rouges,
jaunes, vertes, figuraient le sang et les plaies, un
suintement de souffrance. Menzel remua encore
chercheur. Enfin il prit un tronc, fesses et jambes,
et cassa un membre d'un coup sec. — Tel un chi-
rurgien résèque. — L'amputé retomba au trou
commun. Menzel emporta le membre brisé pour
le raccoler à une poupée incomplète qu'il aimait
et voulait vivante. . . . . . .

II

On frappa un coup léger derrière la tenture qui
se souleva aussitôt sous la main d'une femme très
belle.

— Encore vous? dit Menzel ennuyé.

— Oui, moi toujours, à l'heure accoutumée, qui
viens porter un peu de soleil dans votre cime-
tière.

— Je vous avais priée de ne pas revenir, Yane.
Vous me dérangez à mes heures d'étude. J'ai besoin de silence, d'absolu silence. Mes poupées
n'aiment pas le monde.

— Elles vous l'ont dit? demanda Yane avec un sourire fin d'ironie.

— Oui!

— En quelle langue?

Menzel haussa les épaules.

— Elles sont jalouses de moi sans doute?

— Peut-être...

— J'avoue qu'elles en auraient le droit; elles sont fort laides. Mais je ne leur crois pas de ces finesses de sentiment. D'ailleurs elles savent bien que vous avez mauvais goût.

— Ne raillez pas, Yane. Il ne sert à rien. Puisque vous êtes venue vous pouvez demeurer. Mais taisez-vous. Si vous voulez m'être utile, prenez une aiguille et confectionnez-moi une robe aux mesures de cette Dame Japonaise.

— Vous êtes aimable!

— Je n'ai pas le temps d'être aimable maintenant.

— Voilà long qu'il dure ce maintenant. Moi j'ai toujours le temps de vous faire plaisir. Je reste.

Après avoir ôté sa voilette et ses gants, elle alla fouiller dans une corbeille de chiffons, choisit un coupon à fond clair, comme un ciel trop bleu semé de fleurs inconnues, invraisemblables d'épanouissement et d'éclat, une ganse d'un rouge vif et des fils. Puis elle drapa l'étoffe sur la Mousmé.

C'était une poupée authentique de là-bas, au corps maigre, insexuel, avec des cheveux lisses, des yeux bridés minces comme des coupures de rasoir, une bouche dérisoire aux lèvres flétries, et dont les mains ramenées à la hauteur du menton érigeaient deux pouces plats aux ongles teintés de rose.

Yane épingla une tunique droite, décolletée en angle sur la gorge, serrée sous les bras par une ceinture large, et qui devait disparaître presque dans l'ampleur de deux manches pagode démesurées à forme d'ailes retombées. Puis assise à un coin du sofa, vers le jour, elle se mit à coudre devant la face éternellement béate et blafarde de la Mousmé Nipponne.

L'aiguille courut un instant, petit éclair vif d'acier dans l'étoffe multicolore, et s'arrêta. L'ouvrière était lasse. Cela la changeait trop de travailler longtemps, accoutumée qu'elle était à se faire servir comme une reine. Pourquoi cette besogne maintenant? Et comme, étonnée à se voir ainsi piquant à coups d'aiguille ses doigts ténus de fée paresseuse, elle voulait répondre à ce pourquoi, l'expression de son visage devint autre. Son joli sourire d'ironie se fit douloureux. Sous l'afflux d'une tristesse soudaine une larme mouilla ses cils et roula bientôt lourde de chagrin dans un tremblement de ses paupières. Yane pleurait à grosses gouttes amères. Un souvenir noir lui était venu. Le passé l'avait prise toute et la désolait.

.. Etrange passé ce soir de *première* des *Contes d'Hoffmann!* Elle se revoit mettant sa robe de bébé en dentelles blanches et bouclant ses cheveux, un peu émue de son rôle si nouveau de Poupée de Nuremberg, incertaine de son interprétation et des suffrages... Ici un vide... Et la voilà sur scène bégayant l'enfantine romance d'Olympia :

Les-oi-seaux–dans-la-char-mil-le,

Dans-les-cieux-l'as-tre-du-jour,

Tout-par-le-à-la-jeu-ne-fil-le

D'a-mour

D'a-mour.

Voi-là

La-chan-son-gen-til-le.

Voi-là

La-chan-son-d'O-lym-pi-a.

Ah!

Au premier rang des stalles un homme s'est
dressé et penché en avant la suit des yeux.

Tout ce qui chante et résonne

Et soupire tour à tour

Emeut son cœur qui frissonne

D'amour.

Voilà

La chanson mignonne,

Voilà

La chanson d'Olympia.

Accompagnée sur la harpe du physicien, elle a
scandé ce couplet doucement, en petits éclats de
voix pure, dans son immobilité de poupée merveilleuse au chant d'oiseau. On applaudit. Elle
remercie des deux mains, s'incline d'une inflexion
raide, toute à son personnage; et de nouveau elle
rencontre deux yeux fixes qui l'immobilisent plus
encore.

Au sortir du cabinet de Spalanzini, une fois

achevée cette valse vertigineuse qu'elle a dansée au milieu des acclamations, où elle a su garder avec sa rigidité d'automate toutes les grâces et les souplesses de la femme, elle remonte dans sa loge. On la déshabille pour sa métamorphose de poupée en artiste. . . .

Son souvenir redevient indécis, trouble, flottant, jusqu'à la fin.

Le rideau tombe, se relève, se relève toujours. C'est un triomphe inouï, une ovation à la mémoire d'Offenbach... Ensuite quoi?... Ah!!! dans sa loge encore; des amis, quelques inconnus... Et tout à coup on lui présente René Menzel. Yane pâlit. Elle a reconnu cet homme qui l'hypnotisait tout à l'heure. Son regard à nouveau la fouille, la désincarne; et soudainement bouleversé, comme déçu, Menzel s'écrie :

— Mais c'est une femme!

Telle la voix d'Hoffmann amoureux d'Olympia quand il découvre qu'elle était seulement une poupée magique. Nouvel Hoffmann plus fou que l'autre, Menzel vient de découvrir que la poupée convoitée est une femme, une femme miraculeusement belle; rien que cela.

Il se repent aussitôt, honteux de son exclamation, et la complimente froidement, banalement. Mais il n'est plus lui. Il est devenu quelconque.

Que s'est-il passé depuis lors?.. Quel caprice les a rapprochés?. . .

Quand une femme trouve un homme curieux, le distingue ainsi de la masse uniformément pareille et flatteuse qui l'entoure, elle est toute proche de l'aimer. Yane avait deviné dans Menzel un être étrange. Elle avait vu luire dans son regard d'un instant une puissance obscure dont la curiosité l'attirait; et le désir aussitôt la mordit de le connaître mieux, d'être quelque chose dans sa vie. Et comme, malgré son prestige et sa beauté, elle se buta à une indifférence, son étonnement s'en accrut et son désir s'aviva de la blessure de son orgueil. On se dérobait; elle voulut vaincre; faire renaître dans les yeux de Menzel cette étincelle d'amour qu'elle avait vue s'y allumer quand elle jouait son rôle d'Olympia et qui semblait à jamais éteinte. Elle se fit séductrice et à feindre l'amour elle devint amoureuse.

Un soir que le monomane parlait de ses poupées elle avait demandé à les voir. Elle était venue, avait regardé, s'était assise une fois, et depuis lors chaque jour, dans la chambre close, s'était prise peu à peu au mystère pénétrant de cet intérieur silencieux ; et maintenant elle aimait ces fantoches, à ne pouvoir s'en passer, à avoir besoin d'eux à toute heure, parce qu'ils étaient la chimère, le rêve matériel de l'adoré qui la dédaignait. Elle n'avait plus d'orgueil, seulement une grande lassitude de cœur pour son besoin inassouvi de caresses, et une tristesse morne pour son amour solitaire et impuissant. Ce soir sa souffrance se faisait plus intense au détail de tant de souvenirs revenus... et elle pleurait.

Menzel enseveli dans sa méditation ne voyait pas ces larmes. Alors elle eut envie de crier... Et elle cria :

— Vous les aimez donc plus que tout, vos poupées ?

Le monomane releva la tête.

— Oui, plus que tout.

— Sont-elles si belles avec la grimace de leurs visages?

— Beauté, laideur, tout **est** grimace. N'est-ce pas le préjugé humain qui **a** voulu donner des traits à l'idéal? Tous les yeux ne voient pas de la même façon.

— Vous êtes un enfant amoureux de Guignol!

— L'enfant **a** raison peut-être. Il est au point de vue intellectuel un homme que n'a pas encore déformé le milieu. Vieilli, l'homme revient à ses idées premières quand il a sondé le mensonge de la vie.

— Un maniaque.

— Manie, folie même si vous voulez. Le fou a son idée fixe **qui** pour lui est la seule vraie et les ténèbres de sa folie lui sont plus lumineuses que votre jour. Que savez-vous, où est le jour, la nuit, le vrai, le faux, la chimère ou la réalité? Je cherche, moi.

— Mais que leur trouvez-vous, à ces pantins?

— Un sens, une âme peut-être.

— Quoi, une âme! Parlent-ils? Pensent-ils?
Agissent-ils jamais? Ils ne sont même pas à méca-
nique, vos bonshommes.

— Et voilà la seule différence qui les sépare de
vous. Qui vous dit qu'ils n'ont pas leur langage à
eux, leurs passions, leur vie propre enfin, seulement diverse de la nôtre? Je crois que si. Oui, ils
jouissent et souffrent comme nous; ils ont leurs
sourires et leurs larmes; ils aiment peut-être...

Yane tressaillit. Menzel continuait :

— Qu'y a-t-il là d'illogique, d'insensé? Nous
n'avons pas, c'est vrai, pénétré le mystère de leur
organisme bien que nous les façonnions nous-
mêmes; mais qu'importe le limon dont un corps
est pétri? Quand un souffle l'a vivifié, il n'est plus
argile, il est chair.

Le monomane s'était dressé et levait les bras.

— Tous ces fantoches sont des êtres, plus inté-
ressants même que tant d'autres qui nous entou-
rent à notre insu, car ils sont de notre essence.

L'homme les crée. Une fois détachés de lui, ils font un monde. .   .   .   .

.   .   .   .   , ...

Et qui sait en somme! En eux il a livré son véritable fruit, celui qu'il n'a pas craint de montrer dans toute la laideur d'épanouissement de ses vices. L'homme s'est trahi dans le pantin. Etudier les poupées des hommes, voilà le meilleur moyen de connaître l'homme.

Yane ne le suivait plus. Sans comprendre, elle restait accrochée à ce regard d'illuminé qui éclairait la chambre comme une torche. Menzel se tut. Alors elle dit :

— Pour eux vous dédaignez tout le reste? la réalité certaine et délicieuse de la vie? Pour leurs yeux éteints les yeux lumineux des vrais êtres et des femmes? Pour leurs lèvres fanées la caresse ardente de nos baisers? Tout, tout, pour une chimère?

— Et que vous importe? demanda Menzel en la regardant au fond.

— C'est que je vous aime, moi! clama-t-elle, dans un'élancement de son âme passionnée.

— Moi je ne vous aime pas, répondit-il lentement, subitement compatissant, presque triste.

III

Abîmée par les dernières paroles de Menzel Yane s'était tue. Après son aveu impuissant elle n'avait plus qu'à partir. Elle se leva et gagna le seuil courageusement. Mais là son cœur défaillit.

Pourquoi tournons-nous la tête quand nous abandonnons ce qui nous est cher? Pourquoi suivons-nous des yeux ceux qui demeurent jusqu'à l'instant où nous ne les verrons plus? A quoi bon les adieux des mains et les baisers envolés des lèvres? Cet amour de souffrir est à la fois de la faiblesse et de l'orgueil.

Yane se retourna. Elle voulut revoir une fois encore le sanctuaire de son demi-bonheur passé, prolonger sur le bien-aimé l'adoration de ses yeux. ... Et maintenant il était trop tard.

Elle se sentit vide comme si quelque chose d'elle l'avait quittée. Son âme ne la suivait plus. Son âme s'était agrippée aux meubles, aux tentures, à tout le peuple des fantoches qui de leurs doigts invisibles s'en disputaient les lambeaux. Son âme ne voulait plus partir avec elle; et Yane n'y pouvait rien. ... Comment ressaisir ce quelque chose d'insaisissable, d'immatériel, d'épars qu'elle est? Comment la poursuivre et l'appeler? Comment se chercher soi-même quand on n'est plus soi, quand on a perdu jusqu'à la faculté de se connaître?

Elle s'affaissa auprès de la porte, contre le chambranle, bête lamentable qu'on a assommée et qui veut agoniser là, quand même. . . . .

.. Lui, le fou, est ailleurs, dans son ailleurs de songerie. L'idée fixe l'a rappelé.

Derrière un prie-Dieu ancien à baldaquin ciselé,

Menzel soulève un coin de
tenture et dévoile un meuble
curieux, sorte de châsse au
bois sculpté fleuri de cloche-
tons et d'ogives. Dévotieu-
sement il l'a ouvert. . et dans
sa niche apparaît la poupée
préférée, la poupée reine,
comme l'icône adorable du
monde-fantoche.

Sous une tête en porce-
laine elle a un corps articulé
en carton-pâte, un corps
d'enfant rose et potelé, des
cheveux blonds de fillette,

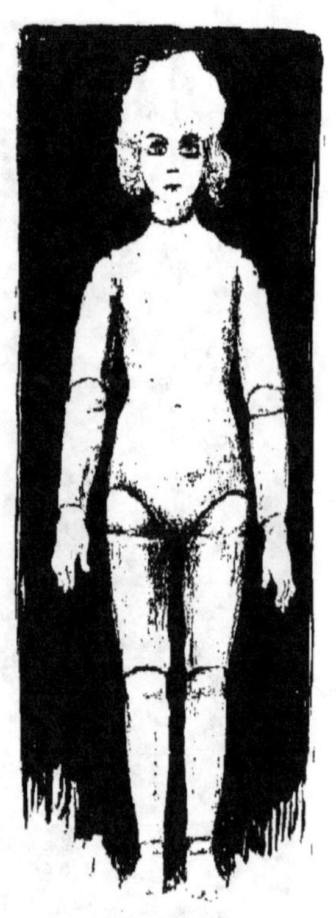

des yeux d'émail aux longs cils, des lèvres trop
rouges et des mains trop grosses aux doigts gourds
— jouet modèle devenu idole, l'idole de la beauté
sans doute, toujours souriante et jeune. . nue
mais point charnelle. Elle semble plutôt une dérision de la chair, une dérision de la jeunesse et
de la beauté.

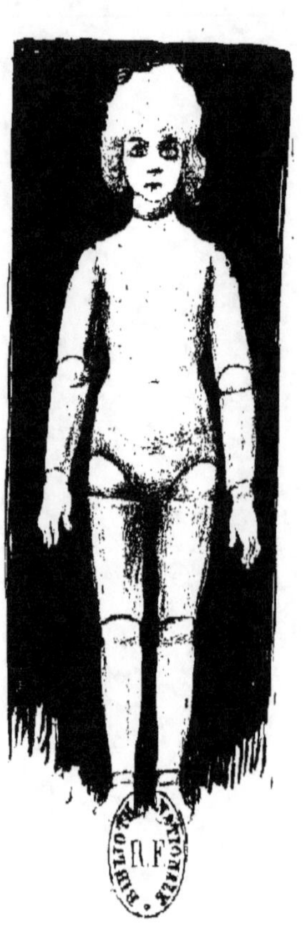

Cependant Menzel s'agenouille, et vers elle, à l'heure d'amour, monte l'extase du prêtre idolâtre. N'est-elle pas en effet pour lui la divinité sereine où se repose son esprit? N'est-elle pas la gardienne mystique de sa pensée, la consolatrice dernière de toutes ses peines qui l'endort à ses yeux d'oubli? Jadis il a pâti. Les choses et les êtres le trompèrent. Il sut le tourment mauvais des solitudes du cœur et le flot de désespérance chavira sa raison. Ce jour il a émigré vers un idéal nouveau. Dans l'Idole-Fantoche il a réfugié son humain besoin de tendresse, et d'elle il rassasie ses rêves d'irréalité. Il en fait la maîtresse unique et fidèle, femme idolisée dont il est l'amant et le prêtre; et il vit en elle confiant à sa providence qui le veille. .

Yane souffrait de cet agenouillement, de cette possession prise par la poupée vaine. Intuitive, elle eut le soupçon du désarroi passé qui avait jeté le fou sur le sein de l'idole réfugiante. La pitié de cet être dévié gonfla son âme.

Etait-il heureux seulement ainsi prosterné et adorant? Et si oui, pourquoi ce visage douloureux?

Maintenant elle se bâtissait un devoir, comme un héroïsme d'amour, de rester là pour l'arracher coûte que coûte à sa folie.

Oh! l'avoir à elle! le tenir dans ses bras et l'y contenir tout! fermer ses oreilles, ses yeux, sa bouche, à l'empêcher d'entendre, de voir et de parler! étouffer son cœur dans une étreinte jusqu'à le faire battre en elle mêlé au sien! Mais comment?

L'idole la défiait.

Qu'avait-elle donc cette rivale heureuse? Quel charme pour prendre un homme et le posséder ainsi? Que lui disait-elle, cette divinité muette? Savait-elle le baiser aux lèvres et l'enlacer de ses bras dans le mystère des nuits? Sa forme visible était-elle seulement l'apparence trompeuse d'un merveilleux idéal qui se dévoilait pour lui seul? Comment la connaître, lui ressembler et la vaincre?

Et toujours souriait l'idole si peu femme, si peu vraisemblable dans sa nudité rose. .

Alors cette vision qu'elle était nue apparut à Yane dans une lueur.

Derrière Menzel agenouillé elle se dévêtit.

Ce fut un déshabille-ment fiévreux, tel un arra-chement de loques. Sous ses doigts hâtifs la soie grinça, les dentelles se fri-pèrent. Puis une pudeur la prit de s'offrir ainsi comme une gueuse et elle se hâta davantage à la peur de ne pas achever.

Le dernier voile glissa dans une contorsion de ses bras et de ses épaules, hésita un instant au ren-flement de ses hanches; et brusquement la nudité éblouissante de son corps s'épanouit comme une irréelle fleur.

Il vint de cette fleur émue une émanation tiède qui rôda dans la haute pièce alanguie. Son rêve apeuré au halètement de Yane, Menzel s'était retourné. Ses yeux perdus prirent regard et mirent une caresse ardente sur cette chair nue. Yane sentit le frôlement de ce regard. De ses pieds de lait à peine veinés d'azur, aux linéaments fondus, aux attaches fines, cette caresse la remonta toute jusqu'au visage, erra comme une haleine à travers ses cheveux, se noua autour de son cou comme une chose sensible et lui vint aux lèvres. . .

. . . .

Les yeux révulsés, la bouche entr'ouverte sans souffle à l'attente d'une becquée d'âme, elle tomba raide, les bras tendus en un geste d'appel et d'embrassement.

Menzel s'était avancé pour la recevoir. D'un effort de ses bras il la reposa évanouie sur le sofa. Il mit un coussin mou sous ses reins, un autre sous son pied qui touchait à terre, et incliné vers elle il réfléchit.

Ce fut en lui un instant de lutte féroce quand il compara cette femme étendue, si belle, dont la

blancheur faisait une clarté, à ses fantoches déri-
soires; quand sa chair éveillée voulut étouffer son
idée fixe, et quand à l'émotion de ses sens s'a-
jouta l'immense pitié de la douleur qu'il avait
causée.   .   .   .   .

, ...

.. Ah ! si réellement elle avait pu comprendre,
l'idole rivale, elle aurait tressailli toute et pâli,
sûre à ce moment que la victoire lui échappait. .
Menzel se penchait aux lèvres de Yane prêt à s'y
suspendre sans retour.

Mais il se redressa d'un
élan. Au bord de l'abîme il
s'était ressaisi.

Que voulait-elle cette
femme tyrannique qui s'im-
posait à lui? L'arracher à sa
science, à ses convictions, à
ses découvertes? Faire de lui
sa chose? Enchaîner son
esprit avec son corps? Pas

d'esclavage ! Il en avait goûté jadis et ne gardait de la
coupe des lèvres qu'un arrière-goût de fiel. Il n'aimait plus là. Qu'on le laissât fidèle à ses fantoches !
On pourrait le traiter de fou et les traiter de chimères : il savait bien, lui, l'illusion menteuse et
l'éternelle chimère de la vie.

Assis au coin du sofa Menzel a repris dans ses
mains la statuette d'empereur. Yane reste évanouie à son côté dans une pose lasse d'énerve-

ment et de sommeil, les bras repliés, la tête incli-
née, les yeux clos. Par instants, de tout son corps
soulevé, un gros soupir d'enfant chagrin monte à
ses lèvres ouvertes. Ses seins se gonflent; un frisson
l'agite; on dirait une statue qui vient de vivre.

Autour d'elle les poupées appendues ou couchées
restent inertes.

C'est une sainte amaigrie qui prie les mains
jointes. C'est une fée coiffée de clinquant et vêtue
de gaze qui tient une baguette magique. C'est une
mort aux yeux caves, au sourire édenté, qui guette;
un moine encapuchonné, la bouche bée, figée dans
un chant de psaumes; une reine au manteau fleuri
que son bandeau retombé fait borgne; un vieillard
à longue barbe comme un patriarche survécu ou
quelque juif-errant vieilli. . Tout près de la Mousmé
Nipponne un Japonais nain ouvre les bras pour un
prêche. Sur les genoux de Menzel s'échevèle une
poupée renversée. D'autres çà et là montrent les
bourrelets de leurs cuisses. . et le Polichinelle ba-

riolé, bossu devant, bossu derrière, bancal et ca-
gneux, rit de tout, même de la mort, même de
l'idole, sous son chapeau de gendarme. .   .   .

.   .   .   .

.   .   .   .

L'homme du siècle apparaît, pâle, émacié, fiévreux. Il a vécu trop tôt et trop vite. Il n'est plus
jeune et pas encore vieux; il est repu.

On a voulu lui faire son idéal de la vie et il a
trouvé le fond de ce qu'il pensait l'insondable, la
fin de ce qu'il croyait l'infini. Le sensuel meurt; le
cérébral renaît. L'homme s'est endormi réaliste; il
se réveille mystique et rêveur.

Mais il n'a point cessé d'être curieux jusqu'à la
folie, curieux de science, de passé, d'exotisme,
curieux surtout de l'inconnu d'au delà, de l'invi-
sible, de l'âme et de l'idée. La curiosité, c'est la
maladie humaine, parce qu'elle est le marasme du
fini.

Alors il se livre à ses rêves nouveaux; et comme la chair le possède quand même, comme l'ange ne peut pas tuer la bête, comme il est à la fois matière et esprit, abstrait et concret, il les incarne. Il en fait les fantoches informes qu'il append à tous les coins de sa quotidienne vie, points d'interrogation mystérieux.

Or la réalité vient s'offrir et le tente. Elle vient dans toute sa splendeur d'épanouissement charnel, royale, sous la forme la plus humainement parfaite de la beauté, une femme. . Et toutes les séductions rayonnent d'elle.

Blanche comme un éblouissement de soleil, elle a derrière ses cils d'ombre la lumière caressante et voilée des astres nocturnes; dans ses cheveux l'or des moissons mûres et des feuillages automnaux; sur les lèvres, pulpe mielleuse de fruits, le fard des corolles ardentes; dans son rire toute la joie; dans sa voix toutes les chansons, l'infini bercement du flot sur les nacres. . De son corps

émanent des brises tièdes et des aromes de
fleurs.

elle est la trilogie universelle, toute la nature et
tout l'amour.

Le rêveur l'a reconnue et la dédaigne. La réalité
s'offre et il a répondu : « Non. Après toi je ne serai
pas satisfait. Tu n'es pas la réalité dernière puisque
c'est toi que guette la mort accroupie. »

Va, cherche dans le rêve l'énigme profonde de
la vie. Aime d'amour l'illusion bénie et fais-en ton
idole réfugiante. Sois empereur et mage avec la
baguette d'une fée et le bandeau d'une reine. Le
monde Polichinelle rit; laisse-le rire. S'il t'envoie
des réalités mensongères, repousse-les et cherche
ailleurs l'étanchement de ta soif. Cherche! Voilà
ta destinée d'homme : errer et ne pas savoir; et
voilà ta gloire d'homme : chercher. Quand tu
seras las, joins les mains comme la sainte et
adore.

IV

La haute pièce s'endeuille avec le soir. L'ombre
flottante la prolonge à l'infini. Les contours s'effa-
cent. Les reflets s'éteignent. Seul, près de la baie
ouverte, le groupe de Menzel, de Yane et des poupées appendues s'éclaire aux lueurs rouges du
couchant.

Yane s'éveille, se voit nue, hésite un instant à
croire, et se souvient. La vanité de sa lutte lui apparaît toute. Elle ferme les yeux, s'enclôt dans sa
honte et la détaille.

Par curiosité, par caprice, par orgueil enfin, elle a poursuivi Menzel, puis elle l'a aimé. . Longtemps d'amour silencieux et triste, blottie dans cet espoir qu'elle le gagnerait à force de tendresse; d'amour douloureux et suppliant le jour où sa jalousie des poupées rivales vient de lui arracher un aveu.

C'est alors qu'égarée de désir, elle s'est dévêtue, offerte et pâmée.

Elle s'était menti à elle-même jusqu'à voir dans une impudeur un fantôme de pitié héroïque. Maintenant son action se fait noire de toute sa défaite, de ses déceptions et de ses regrets. . Menzel la repousse. L'Idole a triomphé. La folie maîtresse demeure invincible. Elle est la vaincue, l'humiliée.

Ce nous est une méditation mauvaise que celle d'une honte. Abusés aux sophismes de l'orgueil nous ne trouvons aucun moyen d'y échapper sinon disparaître ou en supprimer les témoins, et notre âme s'aigrit jusqu'au désespoir ou à la haine...

Yane redoute le regard de Menzel, même celui des fantoches et de l'Idole. Elle se voit nue et se

ridiculise. Elle voudrait s'en aller et n'ose pas bou-
ger. Peu à peu un flot d'exaspération l'envahit.
Elle n'aime plus ou croit haïr.

L'amour s'avive des obstacles; mais s'il échoue
dans son suprême effort humain, souvent il se
métamorphose ainsi.   .   .   .   .

.   .   .   .

Yane hantée de vengeance, méchante jusqu'à
faire du mal, cherche le moyen de punir Menzel;
et cette idée se précise à elle, désir, volonté, rage
maintenant, de détruire les fantoches et de tuer à
la fois la chimère du fou.

Subitement elle s'est dressée, oubliant qu'elle
était nue. Son sentiment de vengeance la domine.
Elle arrache à Menzel sa statuette d'empereur, la
jette à terre de toute sa force et la foule. Le bois
vermoulu s'émiette.   .   .   .   .

.. Et sa fureur s'acharne à tout ce que ses
mains peuvent saisir. D'un geste elle a renversé
les bibelots précieux des étagères et des tables.

Elle dévêt la Mousmé Nipponne, lui casse les bras et la frappe. Aux autres aussi elle déchire leurs loques à lambeaux et elle les griffe. La sainte n'a plus d'auréole, la fée plus de sceptre, la reine plus de couronne, et la mort éparpille son squelette. Tous les petits corps heurtés les uns contre les autres, bossués et crevés, sont en débris. Ils font un amas informe qu'elle piétine, et ses pieds méchants s'écorchent et saignent. En un clin d'œil elle a anéanti le monde fantoche tout entier, sans un mot, avant que Menzel ait eu le temps de comprendre et de passer la main sur ses yeux pour écarter le cauchemar qui l'étreint. . . . . . .

. . . .

Maintenant Yane s'avance vers l'idole et la défie. Lancée par une jambe la poupée tournoie et va s'abattre. Sa tête vole en éclats contre un meuble où s'accroche sa chevelure. Yane la ressaisit. Elle tord ses membres aux articulations. Les ressorts se déroulent et craquent. Et pour faire mal encore à ce pauvre tronc qui lui reste, elle la mord au ventre et l'écrase.

C'est fini. Plus rien ne vit... Sur ce nouvel ossuaire de pantins Yane demeure debout, les poings crispés et le regard fier, comme une Minerve victorieuse.

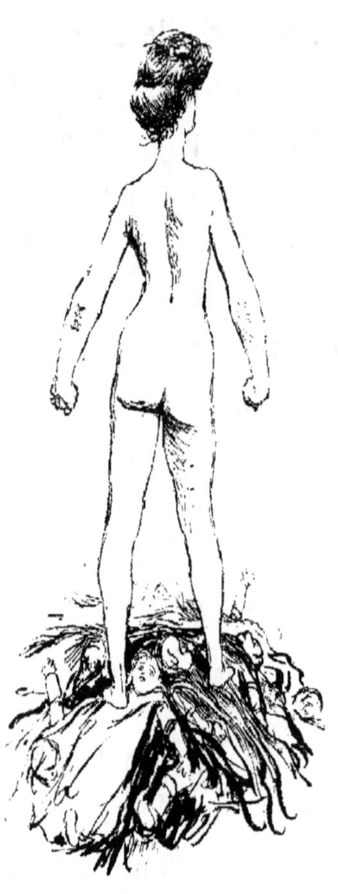

Alors Menzel suffoqué devant son hallucination horrible de carnage commence à croire. Dans un cri de douleur inouï, presque inhumain, une peur folle le secoue. Il torture ses cheveux et se meurtrit le visage. Recroquevillé à terre il enlace et baise ses poupées détruites. Vautré sur elles, telle une bête sur les cadavres pantelants de ses petits, il glapit et sanglote... Un instant,

son désespoir semble tarir. Il a des attendrisse-
ments désolés pour un morceau de corps ou de
visage. Mais le grand frisson l'a repris et le dislo-
que. Il se gonfle; il halète; il écume; puis, se
colle au mur, sans plus de mouvement ni de
larmes, écrasé.

Yane écoute.

Cette fois, c'est le flux de pitié qui monte en
elle, de vraie pitié, et de remords.

Elle a ouvert la bouche pour parler mais la referme. Saurait-elle les paroles magiques qui calment? Cette caresse des mots plus magnétique que l'attouchement des mains? Sa voix n'aviverait-elle pas plutôt la douleur qu'elle veut apaiser en éveillant Menzel de l'hébétude où son anéantissement l'endort... Et elle se tait devant l'irréparable du mal qu'elle a voulu.

. . . .

Ses bras se tendent, se mêlent, se tordent et retombent ballants. Sauraient-ils le bercement de sommeil et de songe où le corps s'enlise, où l'âme s'oublie, et quels enlacements inconnus peuvent émouvoir l'incompréhensible volupté de cet être?

. . . .

Son impuissance l'accable, puis l'affole. Son amour accru de toute la souffrance de Menzel s'exalte et se purifie jusqu'au sacrifice, mais en vain. Elle paierait au prix de sa vie le baume des blessures qu'elle a faites. A ce prix même il n'en est pas.

Si. La femme a des intuitions infinies d'amour.
Soudain Yane s'immobilise et recommence à bé-

gayer la romance d'Olympia qui jadis avait ensor-
celé le fou :

Les-oi-scaux-dans-la-char-mil-le,
Dans-les-cieux-l'as-tre-du-jour,
Tout-par-le-à-la-jeu-ne-fil-le
D'a-mour,
D'a-mour.

Voi-là
La-chan-son-gen-til-le.
Voi-là
La-chan-son-d'O-lym-pi-a.
Ah!

Le mort a remué. Il relève la tête et ses bras se
remontent comme deux ailes prêtes à s'ouvrir :

Tout ce qui chante et résonne
Et soupire tour à tour
Emeut son cœur qui frissonne
D'amour.

Voilà
La chanson mignonne.
Voilà
La chanson d'Olympia.

Elle a scandé ce couplet doucement, en petits
éclats de voix pure, dans sa rigidité de poupée
merveilleuse au chant d'oiseau. Et le mort est
ressuscité.

Quel écho du passé résonne en lui comme une
chanson natale qu'on écoute au pays d'exil? Sans
doute un prélude du ciel dans son affre d'agonie :

> Tout ce qui chante et résonne
>
> Et soupire tour à tour.

D'une voix plus basse, plus suppliante, plus
tendre, Yane redit sa prière de pardon.   .   .   .

.   .   .   .

Pour Menzel c'est l'autrefois qui revient, l'illusion défunte qui réapparaît, la poupée qui renaît
et qui chante.

Son regard la cherche.

Au fond de l'ombre une forme blanche se détache avec des yeux de lumière.

. . . .

Menzel aperçoit l'apparition vaporeuse. En elle s'évoque et s'incarne sa chimère revenue. Parmi les ténèbres, il est debout... et il va vers elle.

J-L
R

IMPRIMERIE PAUL LEMAIRE

14, RUE SÉGUIER, 14

PARIS